Andreas Zeitler
Die Prophezeiungen des Mühlhiasl

Andreas Zeitler

Die Prophezeiungen des Mühlhiasl

Illustrationen von Thomas Tezzele

SüdOst Verlag

ISBN 978-3-89682-955-9

1. Auflage:	11/92:	1. - 6. Tausend
2. Auflage:	6/93:	7.-10. Tausend
3. Auflage:	2/95:	11.-15. Tausend
4. Auflage:	6/97:	16.-20. Tausend
5. Auflage:	11/00:	21.-28. Tausend
6. Auflage:	10/08:	29.-31. Tausend
7. Auflage:	09/11:	32.-34. Tausend

© 2011 SüdOst Verlag GmbH,Waldkirchen

Illustrationen:Thomas Tezzele, Regensburg

Inhaltsverzeichnis

Der Mühlhiasl hat's eh scho' g'sagt!

Was hat er g'sagt? Nix Guat's hat er vorausg'sagt! Das ist den meisten Waldlern noch heute im Gedächtnis, mehr aber oft auch nicht. Bruchstücke seiner Prophezeiungen, echte und unechte, kursieren noch im Volksmund. Aber – Radio, Fernsehen, heimattümelnde Literatur, „Bavarica" – viele Köche verderben den Brei. „Nix G'wies woas ma net", pflegt der Bayer zu sagen, wenn es um die Zukunft geht. Doch der Mühlhiasl war schon ein Seher von Format! Viele meinen, er sei ein zwielichtiger Mensch gewesen. Aber: „Er war ein seltsamer und eigenartiger, gemütstiefer und treuherziger Sonderling", schrieb Pfarrer Johann Evangelist Landstorfer, der bedeutendste Mühlhiaslforscher. Er war noch selbst mit dem Sohn eines guten Freundes des Mühlhiasl befreundet.

Der Mühlhiasl lebte nicht im Zwielicht zwischen Gut und Böse, machte er doch mangelnde Nächstenliebe und abnehmenden Glauben für die große zu erwartende Katastrophe, das „Bänkabräumen", verantwortlich.

Der Mühlhiasl sagte den Zeitpunkt dieses „Bänkabräumens" auch genau voraus, sogar erstaunlich genau, wie dieses Büchlein zu berichten weiß.

Der Mühlhiasl hat in den zukünftigen Verlauf der Weltgeschichte, in das zukünftige Leben seiner Heimat hineingeschaut. Und was er gesehen hat, das hat er den Menschen des 18. und beginnenden 19. Jahrhunderts erzählt. Visionen, teils drastisch, teils grausig, immer aber bilderreich und einprägsam geschildert, waren das Ergebnis.

Die Zeitgenossen mögen oft gelacht oder den Kopf geschüttelt haben, zornig gewesen sein oder ungläubig nachgesprochen haben, was der Mühlhiasl voraussagte: die Geschichte des „Bänkabräumens".

Die Sprache des Mühlhiasl ist eindrucksvoll, ganz dem ungeheuren Geschehen angepaßt. Pfarrer Landstorfer beschreibt sie so: „Seine Redeweise ist von kraftvoller Treffsicherheit und farbensatter Urwüchsigkeit, ausgesprochen natürlich in den breiten Kernlauten tiefster Waldvolksmundart." So ist es nicht verwunderlich, daß sich seine Voraussagen lange Zeit im Volksmund erhalten haben, denn Lesen und Schreiben konnte der Mühlhiasl, wie die meisten damaligen Waldler, nicht.

Der zukunftsgläubige Mensch des ausgehenden 20. Jahrhunderts mag heute protestieren und von Schwarzseherei und Schwarzmalerei sprechen. Doch der Mühlhiasl hat Dampfschiff, Eisenbahnlinien, Fahrrad, Auto, Flugzeug, den „Großen Krieg", das Waldsterben, Moden von Damen und Herrn und anderes vorhergesehen, was bereits eingetroffen ist. Grund genug also, daß selbst eingefleischte Skeptiker sich mit dem Mühlhiasl und durch ihn mit ihrer eigenen Zukunft befassen sollten.

Die Überlieferung
der Prophezeiungen

Die Überlieferung der Prophezeiungen kann als gesichert gelten, seitdem sie Pfarrer Johann Landstorfer, geboren am 30. November 1883, gestorben am 26. März 1949, 1923 veröffentlichte. Sein Gewährsmann war der Priester Johann Georg Mühlbauer, geboren am 29. Dezember 1827, gestorben am 18. Mai 1921 in Pinkofen im 60. Priesterjahr. Dieser war ein enger Freund und der Pate Landstorfers, der ihm auch die Todesanzeige im „Straubinger Tagblatt" vom 19. Mai 1921 setzte. Mühlbauer war Kommorant in Pinkofen, darauf Pfarrer von Achslack, zuletzt von 1887 bis 1903 von Oberaltaich. Sein Vater Joseph Mühlbauer, Inwohner von Ramersdorf, geboren am 10. Juli 1776, wurde 96 Jahre alt. Er war noch ein spezieller Freund des Mühlhiasl. Die Überlieferung hat also erst eine Generation übersprungen.

Am 28. Februar 1923 schrieb Pfarrer Landstorfer einen mehrspaltigen Artikel im „Straubinger Tagblatt" unter dem Titel: „Ein Zukunftsseher aus Großväterzeiten: Matthias Lang, gen. Der Mühlhiasl aus Apoig. Beitrag zur Heimatkunde von Pfr. Landstorfer, Pinkofen/Egglmühl." Er stützte sich darin auf die Aussagen Mühlbauers, die er durch eigene Befragungen ergänzt hatte. Den inhaltsgleichen Artikel veröffentlichte Landstorfer im Juni 1923 im „Altöttinger Liebfrauenboten" unter gleicher Überschrift in zwei Fortsetzungen. Wegen „allzu großer und stürmischer Nachfrage" druckte ihn der Liebfrauenbote im Jahre 1928 noch einmal und kaum verändert nach. Auf den ersten Artikel im „Straubinger Tagblatt" hatte sich

Landstorfer Leserzuschriften erbeten. Diese wurden am 9. März 1923 gesammelt in einem dreispaltigen Artikel von der Redaktion des Tagblattes veröffentlicht.

Die beiden Priester Landstorfer und Mühlbauer liegen an der Turmseite der Klosterkirche Oberaltaich nebeneinander im Priestergrab bestattet.

Wenn der Hochwald ausschaut wie'm Bettelmann sein Rock.

Was hat der Mühlhiasl prophezeit?

Das folgende Kapitel bringt den Text der Landstor-
ferschen Fassung 1923/28 und Auszüge aus der
Leserzuschrift vom 9. März 1923. Außerdem einige
der Prophezeiungen, die der Heimatschriftsteller
Paul Friedl, genannt „Der Baumsteftenlenz", im
Januar 1930 als Faltblatt bei Josef Dötsch in Zwiesel
herausgab. Sie waren zwar dem „Stormberger"
zugeschrieben, sind aber nach Aussage des Baumsteftenlenz mit denen des Mühlhiasl weitgehend
identisch.

Die Prophezeiungen des Mühlhiasl nach Landstorfer

Kleidung und Lebenssitten

Wenn d'Bauern mit gewichsten Stiefeln in die Miststatt hineinstehen ...

Wenn sich d'Bauernleut g'wanden wie die Städtischen und die Städtischen wie d'Narrn (oder: Die Städtischen wie die Affn)...

Wenn erst die Rabenköpf kommen (schwarze Kopftücher)...

Wenn die Mannerleut rote und weiße Hüt aufsetzen...

Wenn d'Leut rote Schuh haben...

Wenn auf den Straßen Gäns daherkommen (schneeweiße Kleidung)...

Nachher is nimmer weit hin.

Wenn d'Leut nichts mehr tun als fressen und saufen, schlemmen und dämmen...

Wenn aa Bauernleut lauter Kuchen fressen...

Wenn Bauernleut d'Hennl und Gäns selber fressen...

Wenn Bauern alle Awanter (Grenzraine) umackern und alle Stauern (Hecken) aushauen...

Wenn Bauern alle politasieren, nachher ist die Zeit da.

Verkehrswesen

Wenn die schwarz Straß von Passau heraufgeht...
Wenn die schwarz Straß (auch „eiserne Straß") über die

Donau herüberkommt und ins Böhm 'neinläuft...

Wenn der eiserne Hund in der Donau heraufbellt...

Wenn d'Leut in der Luft fliegen können...

Wenn die Wägen ohne Roß und Deichsel fahren...

Wenn die meisten Leut mit zweiradeligen Karren fahrn, so schnell, daß kein Roß und kein Hund mitlaufen kann, nachher stehts nimmer lang an.

Besiedelungswesen

In der Stadt werden 5- und 6-stöckige Häuser baut, überall werden Häuser baut, wie d'Schlösser und Pfarrhöf, Schulhäuser werden baut wie Paläst – mit eigener Betonung fügte er hinzu: Für d'Soldatn.

In Lintach (Streusiedlung in der Gemeinde Hunderdorf) wird alles voller Häuser und Lehmhütten ang'schlöttet (angeworfen), aber nachher wachsen einmal Brennessel und Brombeerdörn zu'n Fenster außer.

Wenn der Hochwald ausschaut wie'm Bettelmann sein Rock...

Wenn alles baut, wenn sich d'Leut einrichten, als wie wenns' gar nimmer fortwollten, wenns' lauter rotdachige Häuser hauen...

Wenn der Gäuboden prangt von schneeweißen Häusern mit roten Dacheln, dann wird abgeräumt.

Klimatische Anzeichen

Wenn die kurzen Sommer kommen...

Wenn man Sommer und Winter nimmer auseinanderkennt (weil der Winter so warm, der Sommer so kalt)...

Religiöse Anzeichen

Zuerst kommen die vielen Jubiläen. Überall wird übern Glauben 'predigt, überall sind Missionen, kein Mensch kehrt sich mehr daran.

D'Leut werd'n erst recht schlecht.

D'Religion wird noch so klein, daß man s´ in ein' Hut hineinbringt, der Glaubn wird so dünn, daß man ihn mit der Geisel abhauen kann, der Glauben wird so wenig, daß man ihn mit der Geiselschnappn vertreiben kann.

Übern katholischen Glauben spotten am meisten die eigenen Christen.

Unsicher war sich Landstorfer 1923, ob folgende Prophezeiung hierher gehört:

Recht viele Gesetze werden gemacht, aber werden nimmer ausgführt.

Unschlüssig war er auch darüber, ob es „recht viele Gesetze" oder „recht üble Gesetze" sind.

Wirtschaftlich wird es sich so entwickeln

'sGold geht zu Eisen und Stahl.

Um ein Goldstück kann man noch einen Bauernhof kaufen.

'sHolz wird noch so teuer wie der Zucker, aber glangen tuts.

Einerlei Geld kommt auf, Geld wird gemacht soviel, daß man's gar nimmer kennen kann. (Mit geheimnisvoll hämischem Lächeln betonte er:) Wenns gleich lauter Papierflanken sind, kriegen die Leut nicht genug daran – Auf einmal gibts keins mehr.

Vorher (vor dem Weltabräumen) kommt neues Geld auf, mit der Fledermaus drauf.

Über'n katholischen Glauben spotten am meisten die eigenen Christen.

Wenn sich das alles eingestellt hat, dann kommt's, nämlich das Weltabräumen selbst. Vorausgesetzt ist der „Große Krieg".

Nach dem Krieg meint man, es ist Ruh, ist aber keine.

Die hohen Herren machen Steuern aus. Nachher stehts Volk auf. Bal's angeht, ist einer übern andern, raufen tut alles. Wer etwas hat, dem wirds genommen, in jedem Haus ist Krieg, kein Mensch kann mehr dem anderen helfen.

Die reichen und noblen Leut werden umgebracht, wer feine Händ hat, wird totgeschlagen. Der Stadtherr läuft zum Bauern aufs Feld und sagt: Laß mich ackern (um nicht erkannt zu werden), der Bauer erschlagt ihn mit der Pflugreutn.

Das eigentliche „Bänkabräumen" besteht aus drei Phasen:

1. Phase:

Von Straubing auf den Pilmersberg (Pilgramsberg) hinein wird eine Straß gebaut. Auf dieser Straß kommen sie einmal heraus, dieselben Roten, d'Rotjankerl. Wegen dieser Äußerung wurde er viel verlacht, ob's etwa die rothosigen Franzosen sein sollen: „Nein, Franzosen sinds nicht, rote Hosen habens auch nicht, aber die Roten sinds."

Wenn sie aber einmal kommen, muß man davonlaufen, was man kann und muß sich verstecken mit drei Laib Brot. Wenn man beim Laufen einen verliert, darf man sich nicht drum bücken, so muß es schlaun (eilen, pressieren), wenn man den zweiten verliert, muß man ihn auch hintlassen, man kanns auch mit einem noch aushalten.

2. Phase:

Af d'Letzt kommt der Bänker-à-ramer, der Bänkeabräumer. Die wenigen, die übrig geblieben, werden sich

Von Straubing auf dem Pilmersberg hinein wird eine Straß gebaut…

schutzsuchend aus der ganzen Umgebung innerhalb der Windberger Klostermauern sammeln. Wers überlebt, der muß einen eisernen Kopf haben (Dickschädel).

3. Phase:

Die Leute sind wenig. Grüßen tuns wieder: „Gelobt sei Jesus Christus" und einer sagt zum anderen: „Grüß dich Gott, Bruder, grüß dich Gott, Schwester."

Auf'd Nacht zündet einer ein Licht an, schaut, wo noch jemand eins hat.

Wer eine Kronwittstaude (Wacholder) sieht, geht drauf los, obs nicht ein Mensch ist.

Ein Fuhrmann haut mit der Geisel auf die Erde nieder und sagt: „Da ist die Straubinger Stadt g'standen." (Letztere Äußerung traf Landstorfer 1923 nur einmal an, fraglich, ob sie dem Mühlhiasl zuzuschreiben ist).

Das Bayerland wird verheert und verzehrt von seinem eigenen Herrn, am längsten wirds stehen, am schlechtesten wirds ihm gehen.

Wenn man am Donaustrand und im Gäuboden eine Kuh findet, der muß man eine silberne Glocke anhängen; ein Roß, dem muß man ein goldenes Hufeisen hinaufschlagen; im Wald drin krähn noch Gickerl.

Nachher, wenn die Welt abgeräumt ist, kommt eine schöne Zeit. Große Glaubensprediger stehen auf und heilige Männer, die tun viele Wunder, die Leute glauben wieder.

Allgemein vorhergehendes Merkmal:

„Kein Mensch wills glauben."

Auszug aus der Leserzuschrift im Straubinger Tagblatt vom 9. März 1923.

Kreuz und quer laufen schwarze Straßen.

„… muß sich verstecken mit drei Laib Brot …“

Die Menschen schwatzen sich bei stundenweiter Entfernung in die Ohrwaschel.

Wenn die Rotkapperl kommen, werden viele Leute von ihrem Versteck herausgeholt, denn alles wird verraten.

Wenns in Straubing zum oberen Tor einziehen, wissen die Leut am untern Tor noch nichts.

Die Leute werden aber so wenig, so viel sie zuvor waren und sie haben sich hernach so gerne, wie sie sich zuvor haßten.

Nach dieser großen Weltabräumung gehen viele von ihrem Heim weg und siedeln sich auf schönen Plätzen an. Auch an ihren Häusern, die sie verlassen haben, werden einmal die Brennessel 'raus wachsen.

Wenn diesen seltsamen Propheten jemand fragte, warum das alles komme, so sagte er jedesmal, weil keine Liebe unter den Menschen ist und eins das andere nicht mehr mag. Darum räumt unser Herrgott die Welt ab.

Auszug aus den von Paul Friedl 1930 herausgegebenen Prophezeiungen des „Stormberger"

Um 200 Gulden wird man keinen Laib Brot kriegen, es wird aber keine Hungersnot herrschen.

Das Holz wird noch so teuer wie das Brot, aber glangen tuts.

Die Mannerleut werden sich tragen wie die Weiberleut, und die Weiberleut wie die Mannsbilder, daß mans nimmer auseinanderkennt.

Den Herrgott werden die Leut wiederhervorziehen und ihn recht fromm aufhängen, doch wirds nimmer viel helfen, die Sache geht ihren Lauf.

Ein gar strenger Herr wird kommen und den armen Leuten die Haut abziehen. Der wird aber nicht lange regieren.

Das große Abräumen: Das Bayerlandl wird verheert und verzehrt, 'sBöhmerlandl ausgekehrt.

Der Wald wird öd werden ohne Hunger und ohne Sterben.

Über Nacht wirds geschehen: In einem Wirtshaus in Zwiesel werden viele Leute beisammen sein (an einer Brücke soll dieses Wirtshaus stehen, heißt es oft) und draußen werden die Soldaten über die Brücke reiten.

Die Leut werden krank und niemand kann ihnen helfen.

Wenn man auf den Bergen steht, wird man im ganzen Wald kein Licht mehr sehen.

Auf den Zeitpunkt des großen Abräumens befragt, gab der „Stormberger" auf ein kleines Büblein deutend zur Antwort: „Der wird es nicht erleben, seine Kindeskinder auch nicht, aber dene ihre Kindeskinder ganz bestimmt."

Erste Anzeichen

Fünf Erfindungen sind es, die der Mühlhiasl als wesentlich für das „Bänkabräumen" ansieht: das Dampfschiff, die Eisenbahn, das Auto, das Fahrrad und das Flugzeug. Die Erfindung der Kernspaltung 1938 und der Atombombe 1945 finden in seinen Prophezeiungen keinen Widerhall. Dies ist auch nicht weiter verwunderlich, handelt es sich beim „Bänkabräumen" doch um ein religiöses, nicht um ein militärisches Ereignis.

Die Prophezeiung „Wenn der Eiserne Hund in der Donau heraufbellt" sagt die Eröffnung des Dampfschiffverkehrs auf der Donau von Regensburg nach Linz voraus, die am 18. März 1838 stattfand. Es ist die früheste Prophezeiung, die sich auf die Geschichte der Technik in Ostbayern bezieht. Weil sie nur aus dem Bild „Eiserner Hund" besteht, ist anzunehmen, daß der Mühlhiasl das Dampfschiff nicht mehr erlebt hat. Er muß also auf jeden Fall vor 1838 gestorben sein. Landstorfer vermutet seinen Tod 1810/20.

Eine weitere Prophezeiung der Technikgeschichte Ostbayerns sieht die „schwarz' Straß, die eiserne Straß" voraus. Der Mühlhiasl hat drei Linien im besonderen vorhergesehen:

Die Donautalbahn von Passau nach Regensburg, erbaut 1859/60, mit den Worten: „Wenn die schwarz' Straß von Passau heraufgeht."

Daneben die Bayerwaldbahn Plattling-Eisenstein-Klattau, eröffnet 1877, mit den Worten: „Wenn die schwarz Straß über die Donau herüberkommt und ins Böhm hineinläuft."

„Du bist beim Großen Krieg nicht mehr dabei …"

In seiner engeren Heimat, dem Vorwald, bezeichnete er bis auf den Meter genau den Verlauf der 1895/96 und 1900 eröffneten Nebenbahn Straubing-Bogen-Hunderdorf-Steinburg-Miltach. Er zeigte, wie die Bahn in den Garten eines an dieser Bahnstrecke liegenden Grundstücks hineinschneiden werde: „Bis dahin und nicht weiter."

Bemerkenswert fand es schon Johann Landstorfer 1923, daß die Bogener 1893 über den Baubeginn der Bahn wenig entzückt waren, weil der Mühlhiasl stets hinzugefügt hatte: „Dann stehts nicht mehr lang an."

Den Zeitpunkt des „Großen Krieges" hatte der Mühlhiasl ebenfalls prophezeit. In Großlintach bei Hunderdorf redete er mit dem damaligen Bognervater über diesen Krieg. Inzwischen zupfte er in freundlicher Neckerei den dabeistehenden Enkel am Ohr, bis dieser zu weinen anfing. Da tröstete ihn der Mühlhiasl gutmütig mit der Versicherung: „Du bist beim Großen Krieg nicht mehr dabei, deine Kinder auch nicht, aber denen ihre Söhne kommen gewiß dazu." Tatsächlich waren die jetzigen Bognersöhne alle im Ersten Weltkrieg, schreibt Landstorfer 1923. Es ist anzunehmen, daß sie auch den Zweiten Weltkrieg mitmachen mußten.

Weitere Anzeichen

Weitere wichtige Anzeichen, daß das Bänkabräumen in greifbare Nähe gerückt ist, sind vor allem:

Eurowährung

Krise der Landwirtschaft

Bauboom

Klimaänderung

Waldsterben

Religiöse Krise

Die Eurowährung wird vom Mühlhiasl wie folgt prophezeit: „Einerlei Geld kommt auf", d.h. also eine Art von Geld. Wie sich diese Art von Geld entwickeln wird, bemerkte der Mühlhiasl mit geheimnisvoll hämischem Lächeln: „Geld wird gemacht soviel, daß man's gar nimmer kennen kann. Auf einmal gibt's keins mehr." Viele bisherige Deuter meinten, damit sei die Inflation von 1923 gemeint. Die Bemerkung von der Geldgier der Menschen: „Kriegen sie nicht genug daran", dürfte sich aber weit eher auf die Zukunft und die Eurowährung beziehen. Dieses Geld verschwindet plötzlich wieder, wie, das sagt der Mühlhiasl nicht. Vor dem „Bänkabräumen" kommt jedoch neues Geld auf, „da ist die Fledermaus drauf", sagt der Mühlhiasl.

Die Wirtschaft wird sich auf die Eisen- und Stahlindustrie konzentrieren, „Gold geht zu Eisen und Stahl". Die Landwirtschaft stürzt in eine tiefe Krise, die bereits heute absehbar ist: „Um ein Goldstück kann man noch einen Bauernhof kaufen." Demgegenüber

„Wenns gleich lauter Papierflanken sind, kriegen die
Leut nicht genug daran …"

kommt es zu einem regelrechten Bauboom, auch das ist bereits heute absehbar, „Wenn alles baut...“

Auch die Klimaänderung, die heute in aller Munde ist, hat der Mühlhiasl bereits prophezeit: „Wenn die kurzen Sommer kommen, wenn man Sommer und Winter nicht mehr auseinanderkennt.“

Die meist zitierte, weil besonders anschauliche Prophezeiung, kündigt das Waldsterben an. „Wenn der Wald Löcher hat wie des Bettelmanns Rock...“ - Dazu paßt die Prophezeiung, die der Baumsteftenlenz überliefert: „Vom Hühnerkobel bis zum Rachel wird man durch keinen Wald mehr gehen brauchen...“ Wenn das Waldsterben und die Borkenkäferplage in diesem Ausmaß weitergehen, dürfte am Zutreffen dieser Voraussage nicht zu zweifeln sein.

Die Aktualität des Mühlhiasl ist zweifellos sehr groß. Der Autor möchte aber davor warnen, den Voraussagen allzu große Gewalt bei der Auslegung anzutun. Der Mühlhiasl hat zum Reaktorunfall von Tschernobyl nichts gesagt. Die dem „Bänkabräumen“ vorhergehende, tiefgehende religiöse Krise findet bei ihm dagegen sehr beredten Ausdruck. Er sagt unter anderem: „D'Religion wird noch so klein, daß mans in einen Hut hineinbringt, der Glauben wird so dünn, daß man ihn mit der Geisel abhauen kann...“ Sicherlich sind Anzeichen dieses Glaubensverfalls bereits allenthalben deutlich sichtbar.

Der Mühlhiasl sollte uns Mahner und Warner sein. Seine Sicht der Dinge mag allzu fatalistisch sein, aber wo ist ein Punkt des Umdenkens, eines neuen religiösen Bewußtseins in dieser Welt zu sehen? So mag denn trotz allem ein Abräumen kommen, aber vor allem nur deshalb, weil die Menschen offenbar mit Gewalt zum Umdenken, zu Gott gebracht werden müssen.

Das „Bänkabräumen"

Diesem Ereignis geht ein Aufstand, eine Art Bürgerkrieg voraus. Der Mühlhiasl sagt das so: „Nach dem Krieg meint man, es ist Ruh, ist aber keine. Die hohen Herren sitzen zusammen und machen Steuern aus. Nachher stehts Volk auf. Bals (Wenn es) angeht, ist einer übern andern, raufen tut alles." Es muß sich um soziale Unruhen größten Ausmasses handeln, wenn es weiter heißt: „Die reichen und noblen Leut werden umgebracht."

Daß es auch gegen Beamte und geistige Arbeiter als solche geht, zeigt sich in der Prophezeiung: „Wer feine Händ hat, wird totgeschlagen. Der Stadtherr läuft zum Bauern aufs Feld und sagt: Laß mich ackern, aber der Bauer erschlagt ihn mit der Pflugreutn." Der Stadtherr will unerkannt bleiben, schreibt Landstorfer. Der Bauer aber verweigert ihm jede Hilfe. Die Pflugreute ist ein langer kräftiger Stock, mit dem von Zeit zu Zeit Pflugschar und Pflugbrett von Gras, Wurzelwerk und Erde gereinigt wurden. Die Pflugreute war am Pflugrahmen festgemacht. Die Prophezeiung legt auch den Schluß nahe, die Städte werden der Ausgangspunkt jener Unruhen sein.

Danach folgt das eigentliche „Bänkabräumen", das der Mühlhiasl in drei Phasen einteilt:

1. Der Einfall der Roten Armee

2. Der Bänkabräumer

3. Die große Verheerung

„Von Straubing auf den Pilmersberg (Pilgramsberg) hinein wird eine Straß gebaut." Die Gegend war zu

Lebzeiten des Mühlhiasl so unwirtlich, daß der alte Weiherbauer erklärte: „Wenn ich alles glaub, glaub ich nicht, daß da eine baut werden kann." Die B 20 Straubing - Cham wurde großzügig ausgebaut und am 9. Oktober 1992 eröffnet. „Auf der Straß kommen sie einmal heraus, dieselben Roten, d'Rotjankerl."

Als Conrad Adlmaier mit dem oberbayerischen Seher Alois Irlmaier 1953 in Hunderdorf war, legte ihm Adlmaier die Landstorfersche Fassung der Prophezeiungen vor. Irlmaier hatte sie zuvor noch nie gesehen. Er las sie aufmerksam durch und sagte schließlich: „Ja, so sehe ich die Dinge im großen und ganzen auch." Kurz darauf sagte der Irlmaier: „Mei, do geh ma glei wieder, da siech i an Russn zu an jedn Fenster einischaugn." Irlmaier sagte wie der Mühlhiasl voraus, daß die „Roten" von Böhmen und einer Linie Furth - Cham - Stallwang - Straubing, also in Richtung des Pilgramsberges, einfallen werden.

Christus spricht in seinen Reden über die Endzeit: „Denn wie der Blitz vom Osten ausgeht und bis zum Westen leuchtet, so wird es mit der Ankunft des Menschensohnes sein." (Matth. 24, 27) Der Blitz-Krieg geht also vom Osten aus. Der Mühlhiasl prophezeit weiter, ganz im Sinne dieses Blitzkrieges: „Wenn sie aber einmal kommen, muß man davonlaufen, was man kann, und muß sich verstecken..." Als Versteck empfahl er je nach Gegend z. B. für Mitterfels die großen Wälder im Perlbachtal und die Senkungen beim Buchberg, für St. Englmar die Käsplatte, für Bodenmais die Bergwerke und für den waldlosen Gäuboden die Weizenmandln.

Die zweite Phase des „Bänkabräumens" nennt der Mühlhiasl den „Bänk-à-ramer", den Bänkeabräumer, eine Krankheit, die nur mehr sehr wenige am Leben läßt. „Der Wald wird öd werden ohne Hunger und ohne Sterben. Wenn man auf den Bergen steht, wird man im ganzen Land kein Licht mehr sehen." Bei

Matthäus 24, 29 und Markus 13, 24 heißt es: „Aber in jenen Tagen nach jener Drangsal wird die Sonne sich verfinstern und der Mond seinen Schein nicht mehr geben und die Sterne werden vom Himmel fallen." Gleiches steht auch in der Geheimen Offenbarung Kapitel 16, Vers 10.

Die letzte Phase. „Die Leute sind wenig. Grüßen tuns wieder: ‚Gelobt sei Jesus Christus' und einer sagt zum anderen: ‚Grüß dich Gott, Bruder, grüß dich Gott, Schwester!' Das Bayerland wird verheert und verzehrt von seinem eigenen Herrn, am längsten wirds stehen, am schlechtesten wirds ihm gehen." In der Geheimen Offenbarung heißt es dazu in Kapitel 17, Vers 14: „Sie werden mit dem Lamm Krieg führen, aber das Lamm wird sie besiegen." Die Gegenoffensive der christlichen Heere wird zwar Erfolg haben, aber zu großen Verlusten und Zerstörungen führen.

„Nachher, wenn die Welt abgeräumt ist, kommt eine schöne Zeit. Große Glaubensprediger stehen auf und heilige Männer, die tun viele Wunder, die Leute glauben wieder." In Übereinstimmung dazu heißt es in der Geheimen Offenbarung in Kapitel 20, Vers 4: „Ich sah die Seelen aller, die enthauptet worden waren, weil sie an dem Zeugnis Jesu und am Wort Gottes festgehalten hatten. Sie hatten das Tier und sein Standbild nicht angebetet, und sie hatten das Kennzeichen nicht auf ihrer Stirn und auf ihrer Hand anbringen lassen. Sie gelangten zum Leben und zur Herrschaft mit Christus für 1000 Jahre." Kein Zweifel, der Mühlhiasl prophezeit das Anbrechen jenes 1000- jährigen Reiches, um das jeder Christ im Vaterunser bittet, wenn es heißt: „Dein Reich komme." Deshalb ist es auch nicht verwunderlich, daß Voraussagen des Mühlhiasl und Bibelstellen des Neuen Testamentes so auffällig übereinstimmen. Es sind gerade jene Bibelstellen, in denen Christus von der Endzeit und dem Anbrechen seines Reiches spricht.

Wann findet das „Bänkabräumen" statt?

Diese Frage wird sich der Leser sicherlich schon oft gestellt haben. In den Überlieferungen findet sich ein recht konkreter Hinweis, wann sich die Prophezeiungen des Mühlhiasl erfüllen werden: „Zuerst kommen die vielen Jubiläen. Überall wird übern Glauben 'predigt, kein Mensch kehrt sich mehr daran." Es müssen also große kirchliche Jubiläen sein, Jubiläen, an denen auch Volksmissionen stattfinden. Ein Blick in den Zeitkalender der Bibel zeigt, daß in diesem Jahrhundert kein solches Jubiläum mehr ansteht. Wohl aber im nächsten Jahrhundert. Das wichtigste Jubiläum, das in der ersten Hälfte des kommenden Jahrhunderts stattfindet, ist die 2000. Wiederkehr des Opfertodes und der Auferstehung Jesu Christi im Jahre 2033. Das letzte Jubiläum dieses Ereignisses war das Heilige Jahr 1933. Ein Jahr übrigens, das wegen der Machtergreifung Adolf Hitlers auch weltgeschichtliche Bedeutung besaß.

Ein wichtiges Datum in der Geschichte Altbayerns, das sich ebenfalls in der ersten Hälfte des kommenden Jahrhunderts jährt, ist das große 1300. Kirchenjubiläum 2038/39. 738 wurde der heilige Bonifatius in Rom von Papst Gregor III. mit der Organisation der Kirche in Bayern und Alemannien beauftragt. Im Jahre darauf legte der heilige Bonifatius den Grund zu einer bayerischen Landeskirche durch die Abgrenzung der Diözesen Passau, Regensburg, Salzburg und Freising. Alle vier altbayerischen Bistümer feiern 2038/39 ihr 1300. Bestehen.

In Jahren, in denen diese vier Bistümer ihr Jubiläum begingen, fanden schon öfters bedeutende weltgeschichtliche Ereignisse statt. 1789, im Jahr des 1050. Jubiläums, begann die Französische Revolution. 1939, im 1200. Jubiläumsjahr begann Hitler den Zweiten Weltkrieg. Schließlich fiel 1989, im Jahr des 1250. Bistumsjubiläums, die Berliner Mauer.

Reinhard Haller überliefert eine Prophezeiung, die Eduard Kraus aus Zwiesel, Kaufmann und Seiler, bewahrt hat. Sie lautet: „Wenn der Johannestag (Johannes der Täufer) und der Kranzltag (Fronleichnamstag) zusammenfallen, dann gehts los." Nach den Berechnungen des Autors anhand von chronologischen Büchern dürfte dies am 24. Juni 2038 der Fall sein.

Die Prophezeiungen des Mühlhiasl sind also äußerst genau.

Daß das Fronleichnamsfest ein wichtiger Zeitpunkt in der Geschichte des „Bänkabräumens" ist, zeigt auch der Vers des großen Gedichts, das Pfarrer Ederer von Wolnzach 1949 über den Mühlhiasl verfaßt hat. Darin heißt es unter anderem:

Trug man Christus über Straßen,

Niemand wollt das Knie mehr beugen,

Alles Lieben ward zum Hassen,

Alles Gute mußte schweigen.

Matthäus (24, 32-33), Markus (13, 28-29) und Lukas (21, 30-31) überliefern, daß Christus selbst das große Weltgericht für den Zeitpunkt voraussagt, „wenn der Sommer nahe ist".

Von der Ankündigung des ersten ostbayerischen Dampfschiffverkehrs 1838 bis zum Datum 2038 sind es genau 200 Jahre. Man kann also sagen, die Prophezeiungen des Mühlhiasl beziehen sich auf einen

Zeitraum von genau 200 Jahren. In dieser Zeit wird sich die Entwicklung der Technik nicht nur als „Segen", sondern letzten Endes als Fluch erweisen. Ohne Technik keine Endzeit, kein „Bänkabräumen".

Der Baumsteftenlenz überliefert 1930 eine Prophezeiung, die in Rabenstein in der Familie Buchfinger bewahrt wurde: Die Ururenkelgeneration werde es erleben. Diese Äußerung könnte 1815/20 gefallen sein. Bei einer Generationsdauer von etwa 30 Jahren kann man daher annehmen, die 1965/70 Geborenen werden es erleben. Diese Generation befindet sich 2038 in einem Alter von ca. 70 Jahren.

Die ernstlich zu erwägende Möglichkeit, daß das Weltgericht am Fronleichnamstag stattfindet, an dem das Altarsakrament besonders gefeiert wird, sollte den Leser an die hohe Bedeutung dieses Sakramentes gemahnen.

Das Leben des Mühlhiasl

Um es gleich vorweg zu sagen: Allzuviel wissen wir nicht von ihm, was seine Lebensdaten anbelangt.

Am 6. Juli 1745 heiratete sein Vater Matthias Lang, Müller auf der Apoigmühle, Pfarrei Hunderdorf, Anna Maria Iglberger von Grub in der Kirche von Hunderdorf. Acht Jahre später vermelden die Taufmatrikeln derselben Pfarrei:
„16. huius mensis baptizatus est Mathaeus filius legitimus Mathiae Lang Molitoris et Annae Mariae coniugis eius levavit Georgius Peyr de Puchberck." - „Am 16. dieses Monats (September 1753) wurde getauft Matthäus, ehelicher Sohn des Matthias Lang, des Müllers von Apoig, und seiner Ehefrau Anna Maria. Taufpate Georg Peyr von Puchberck."

Die Unterschrift lautete: Pater Johannes Nepomuk (Altmann) Pfarrvikar. Seit den Forschungen Johann Landstorfers und Pater Norbert Backmunds ist man allgemein der Ansicht, daß dies der Geburtseintrag des Mühlhiasl ist.

„Georgius Peyr" wurde von Franz Xaver Hirtreiter als Georg Baier aus Buchberg, heute Vorderbuchberg, Gemeinde Mitterfels, identifiziert. Der heutige Hofbesitzer, Franz Xaver Baier, erinnerte sich nicht nur daran, daß sein Hof früher zur Pfarrei Hunderdorf gehörte, sondern wußte auch, daß unter seinen Vorfahren der Taufpate des Mühlhiasl war.

Wie aus Matthäus - Matthias - der Spitzname Hiasl werden konnte, ist wohl nur durch die Namensähnlichkeit von Vater und Sohn zu erklären. Im übrigen könnte es auch möglich sein, daß der Mühlhiasl seinen Spitznamen schon als Kind erhielt.

Der Mühlhiasl hatte noch drei Geschwister, seinen Bruder Johann (1755-1825) und seine Schwestern Anna (geb. 1757) und Anna Maria (1762-1821). Nach Adlmaier soll sein Vater um 1770 Witwer geworden sein und noch einmal geheiratet haben. Der Mühlhiasl bekam dann noch drei Stiefbrüder, Josef, Wolfgang und Jakob.

Am 19. August 1788 heiratete der Mühlhiasl Barbara Lorenz von Racklberg bei Haselbach. Im selben Jahr wurde ihm wohl auch die Mühle von seinem Vater übergeben. Aus der Ehe sind zwischen 1789 und 1800 acht Kinder beurkundet.

Aus dem Jahre 1799 ist ein Stiftungsbrief der Mühle erhalten. Danach mußte der Mühlhiasl armutshalber an das Kloster nur 75 Gulden entrichten, die er in fünf Jahren abbezahlen sollte. Die Mühle hatte der damalige Abt von Windberg, Joachim Eggmann, verstiftet. Der Mühlhiasl hatte jedoch nach zwei Jahren noch keinen einzigen Gulden bezahlt.

Mitte 1799 wurde eine kurfürstliche Kommission nach Windberg entsandt. Sie sollte klären, wieso die wirtschaftlichen Verhältnisse des Klosters derart schlecht seien. Auch der Mühlhiasl wurde einvernommen. Warum er so schlechtes Mehl liefere, wurde er gefragt. Er sagte: „Was kann ich dafür, wenn mir der Kastner verwurmtes Getreide liefert?" Als Folge der Untersuchung wurde Abt Eggmann abgelöst, im Dezember ein neuer Abt gewählt, Ignaz Breu. Dieser wollte Schluß machen mit der unter seinem Vorgänger eingerissenen Mißwirtschaft. So kam es zu dem für den Mühlhiasl wohl folgenschwersten Schicksalsschlag seines Lebens: Mitte des Jahres 1801 wurde er seines Amtes als Klostermüller enthoben. So geriet der Mühlhiasl unverschuldet in Not. Seine Frau Barbara scheint daraufhin mit den Kindern weggezogen zu sein, jedenfalls berichten die Kirchenbücher nichts mehr von ihnen. Seine Söhne sollen später ausgewandert sein, berichtet die Leserzuschrift von 1923.

Die Apoiger Klostermühle bekam ein gewisser Lettl, die untere Klostermühle Johann Georg Lang, ein Vetter des Mühlhiasl. Bei ihm verdingte er sich noch eine Zeitlang als Müllersgehilfe, bevor er als Mühlenrichter umherzog, wie Pater Norbert Backmund schreibt, also als Mühlenbauer.

Nach 1801 findet sich kein schriftliches Zeugnis mehr über das Leben des Mühlhiasl. Um so mehr haben sich mündliche Überlieferungen erhalten, die zumeist in den 20er Jahren unseres Jahrhunderts aufgezeichnet wurden.

Man muß sich die Situation im Herzogtum Bayern um 1800 äußerst einfach, ja primitiv vorstellen. Erst 1802 wurde hier die allgemeine Schulpflicht eingeführt. Folglich konnte kaum jemand lesen und schreiben. Josef v. Hazzi schreibt in seinen Aufzeichnungen von 1803 über die Bevölkerung im Gerichtsbezirk Zwiesel. „Lesen und Schreiben ist hier etwas höchst seltenes; wer diese Kunst versteht, wird von ihnen ein Schriftgelehrter genannt und sehr verehrt." Und im Gerichtsbezirk Mitterfels, zu dem auch die Apoigmühle und Hunderdorf gehörten, hieß es: „Schulen und öffentliche Anstalten mangeln hier ganz."

Um so wichtiger ist das, was der Volksmund über den Mühlhiasl zu sagen weiß.

Die Prämonstratenser des nahen Klosters Windberg waren ihm ganz wenig gewogen. Bei einer Gelegenheit, daß er etwas zu essen erbat oder aber, wie andere berichten, daß er einem förmlichen Verhör über seine Weissagerei unterworfen wurde, fiel er in Ungnade und wurde des Klosters verwiesen. „Grad so, wie ihr jetzt mich hinaustut, tun sie bald euch selber hinaus", gab ihnen der Mühlhiasl zur Antwort, „Ich kann gehen, ihr aber müßt laufen; ich darf wieder herein, ihr aber dürft nicht mehr herein und zu euren Fenstern schauen Weiber und Kinder heraus." Das soll der Mühlhiasl sechs Wochen vor der Aufhebung des Klosters am 1. April 1803 gesagt haben.

Pater Backmund weiß zwar zu berichten, daß die Prämonstratenser bereits ein halbes Jahr vorher von der Aufhebung ihres Klosters wußten. Doch der Mühlhiasl wußte es sicher nur durch eigene Eingebung. Überdies erfolgte die Aufhebung des Klosters mit solcher Schnelligkeit, daß zwei Patres, die im Bach zu Gaishausen fischten, keinen Fuß über die Schwelle ihres Klosters mehr setzen durften. Die Kurfürstliche Exekutivkommission trieb die Klosterinsassen regelrecht heraus. Erst nach 120 Jahren, am 1. August 1923, konnte das Kloster Windberg von Prämonstratenserchorherren wiederbesiedelt werden.

Die Zukunft scheint dem Mühlhiasl bei weitem wichtiger gewesen zu sein, als die Gegenwart, in der er lebte. Man muß sich begreiflich machen, daß das, was er sah und voraussagte, offenbar auch Rückwirkung auf sein Leben hatte. Was soll man sich noch groß anstrengen, wenn am Ende doch das große „Bänkabräumen" stand? So scheint er in regelrechte Alltagsarbeit nie viel verstrickt gewesen zu sein, schreibt Johann Landstorfer 1923.

Der Mühlhiasl hatte auch den Beinamen „der Elendschneider", „der das Elend schneidet, wie die Mutter das letzte Brot vom Laib", schrieb Wugg Retzer 1929 in einer Beilage der Landshuter Zeitung. In der Tat hat der Mühlhiasl den Menschen viel Not und Elend prophezeit. Aber auch er selbst war durch den Schicksalsschlag der Vertreibung von der Mühle in sehr elende Verhältnisse geraten. So verkörperte er für die Waldler das Elend schlechthin, weshalb sie ihn eben den „Elendschneider" nannten.

Trotzdem war er starken Glaubens und ernster Lebensauffassung. Er war wohl eben jener „seltsame und eigenartige, gemütstiefe und treuherzige Sonderling". Er durchstreifte freizügig und sorgenlos den ganzen Bayerischen Wald, vom Vorwald bis in die Gegend von Zwiesel. Überall war er daheim, überall wohlgelitten. Nirgendwo vergaß er, den Leuten fleißig von der Zukunft zu erzählen. Ob er im Eglseer Klosterweiher (Gemeinde Hunderdorf) fischte, ob er im breiten Mühlwasser in Apoig die Kinder im Kahn spazierenfuhr, ob er von Bergeshöhen auf Täler hinabblickte, überall fühlte er sich gedrängt, eben im Zusammenhang mit dem jeweiligen Standort von der Zukunft zu erzählen und die zukünftige Gestaltung von Landschaft und Leben bildhaft zu beschreiben.

„Der Mühlhiasl kam öfters zu meinen Urgroßeltern, die in Windberg ansässig waren, auf Besuch; er war im Heimgarten geladen worden und waren hierzu auch noch mehrere Nachbarn erschienen. Er war ein etwas kränklicher Mann und liebte gerne eine warme Stube. Die Leute setzten sich dann im Kreise um ihn herum, so wollte er es nämlich haben. Da erzählte und prophezeite er von der Zukunft."

So heißt es in einer Erzählung, die in dem Leserbrief von 1923 im Straubinger Tagblatt veröffentlicht wurde.

Auf diese Weise wurde der Mühlhiasl der bekannteste Waldler, der je gelebt hat, und seine Prophezeiungen erreichten eine einzigartige Verbreitung.

So konnte es auch nicht ausbleiben, daß der Tod des Mühlhiasl legendär ausgeschmückt wurde. Nach Landstorfer dürfte er in die Zeit von 1810/20 zu setzen sein. Nach der Leserzuschrift von 1923 soll er in der Klostermühle gestorben sein, doch verzeichnet ihn das Totenbuch der Pfarrei Hunderdorf nicht. Der Mühlhiasl soll gesagt haben: „Ich komm euch als Toter noch aus." Tatsächlich soll auf dem Leichenweg durch einen Ruck der scheuenden Ochsen der Sarg vom Wagen gefallen und die Böschung hinuntergerollt sein, so daß man ihn wieder heraufholen mußte. So traf auch diese Prophezeiung noch ein. Der Mühlhiasl ist fürwahr ein Phänomen!

„Ich kann gehen, ihr aber müßts laufen …"

„Ich komm euch als Toter noch aus."

Der Mühlhiasl war der „Stormberger"

Nach Ansicht des Volkskundeforschers Reinhard Haller aus Frauenau soll es noch einen weiteren Hellseher im Bayerischen Wald gegeben haben, den sogenannten „Stormberger". Leider ist es jedoch so, daß man über das Leben dieses „Stormberger" so gut wie nichts weiß. Kein Kirchenbuch sagt etwas über ihn.

Im Jahre 1976 erhielt Haller einen „Schreibkalender" geschenkt, ein Hüttenjournal, in das der Hüttenschreiber der Deffernikglashütte bei Rabenstein Ein- und Ausgänge der Rohstoffe zur Glasherstellung für das Jahr 1766 eingetragen hatte. Unter den Daten 18. und 25. Januar sowie 1. Februar jenes Jahres sind Pottaschenlieferungen eines Starnberger eingetragen. In der Bierrechnung dieser Aufzeichnungen taucht noch ein „Starnberger Bue" auf, der eine Halbe Bier bekommen hat. Dies sind die hauptsächlichen Beweise für die Existenz eines „Starnberger, Stormberger". Haller konnte jedoch keinen Waldler finden, der sich auf Befragen daran erinnern konnte, daß der Waldprophet „Stormberger" Aschenbrenner gewesen sei. Vielmehr konnten sich alle befragten Waldler daran erinnern, er sei Müller oder Hirte und Müller gewesen, genauso wie der Mühlhiasl.

Vom „Stormberger" gibt es eine Reihe von handschriftlichen Aufzeichnungen seiner Prophezeiungen. Eine dieser Handschriften stammt aus Bodenmais und ist unterzeichnet „1706 Andre Schweickl". Nach einem Schriftgutachten des Bayerischen Hauptstaatsarchivs in München stammt sie aus der ersten

Hälfte des 19. Jahrhunderts, etwa um 1820. Sie lautet
wie folgt:

Denkwirdige Profezeiung.

*Von den alten Starnberger Hütten in Romstein, Meine
liebn leith sagt dieser man. Wissen was in der Zeit hun-
dert Jahrn Vor Bey girn so windet ihr äich Ver wundern.
Es werden in aller orden Neue einrichung da. Doch die
alten wurden Vill Besser sein die Alte kleiter Dracht wird
ab kammern und in allen Stätden wird es auf die Neue
ardt sein der Purger wird sich Von den Baurn und der
ädtl mann Von den Purger nicht mer kleiten konen und
der allte wird sich eine Baurn und Nahrn drach Voren-
dern. die weibsbilder werden sich mit Ihren Schuhen ge-
spiren wie die ziegen oder geis und da bey die Geschä-
kerte Dracht wird Hoch geachtet werden.*

*weithers werden hier in wald grosse heuser wie die Pal-
last Gebaudt werden und mit der zeit wieder zu nichts
werden sogar das in manchen ficks und hasn Ihre Jungen
dar in aus zigen und die leith werden sich Verlauffen
ohne hunger und ohne sterb es werden auch die grossen
Herren in die wilde welder komen und selbe besichtigen.*

*Und dar nach wird es, aber nicht mer gut werden es wird
auch zu Zwiesl ein groses gebey gebaudt werden und
wird auch dabei Ville Verwunderung sein, dieses wird
aber nicht lang dauern und wird wider zu nichts werden
lieber Freind so rede doch weider und wan ich schon reden wurd so wirde mann mir nicht glauben und der
hochmuth wird in allen Städten ein reissen und kein
mensch wird mer nach seinen standt leben dar nach wird
sich ein grosser krieg erheben und wird aufwerths gehen
und wird Ville blut und leith kosten der Peyer first wird
zwar nicht kriegen und doch sein land mit lauder durch
zieg saubern. Ver derbt werden dieser krieg wird Eine
lange zeit dauren dar nach get es auf ein mahl zu rich*

und wird ibel aus schauen ein straim neben dem Pemer wald wird bleiben wo mann den größten Sturm mit 3. laib Brod über leben kann wan mann es hat wan aber einer in lauffen aus der Handt falt so las in ligen es gloken 2. auch und wer nebst den Danauer straim ein kuch findt der sol man eine silberne gloken an hengen und die leith werden sich Verlauffen hunger und sterb wo laufen sie dan hin Ihre nahrn in die gutten 1ender die in dem krieg Eth geworden sind und wo nie man mer da sey darnach werden erst euere Heusser zu Viks und wolf Hitten werden her nach widerum Eine liebe des Nägsten unter dem menschen gehalten werden und was es noch gibt so wird es durch aus besser werden es wird sich unter die zeit eingrose theuerung erheben und wan alles am högsten gestigen ist dar nach wird es auf ein mahl fallen und wird schlegt geachtet sein es wird auch eine neue liebe des negsten unter den menschen sein wer es aber über lebt der muß ein eisern Kopf haben. ich iber lebs nicht gott giebs das ich es nicht erleb aber ihr meine kinder kendt es iber leben. Darnach werden neue strasen durch wilde Perg und Deller gemacht werden das Manns auf zwey stundt weith sehen kann und an allen orden grosser.

auf geng angeworden werden wer nur die Zeit iber lebt hernach wird es wider gut werden und hernach werden die leith wider froh sein wan eines das ander sigt und die Leith werden so wenig sein das man es leicht zehlen kan die geistlichen werden schlegt geachtet sein und der katholische glauben wird Ville feind haben. 1706 Andre Schweickl.

Die Prophezeiung ist auf drei Blätter geschrieben, auf dem vierten Blatt steht am linken Rand „Josep Bauer", während ein „Georg" folgenden Nachsatz hinzufügte: Jäzt ist Eine Böse Zeit alt Vill geliebter Vater und Mutter ich hofe es werden Euch diese und meune Bahr zeullen eine gutte Gesundheit untertreffen. Georg." Ganz unten hat dann noch ein „Joseph" unterschrieben, dessen Namenszug sich aber deutlich von dem des „Josep Bauer" unterscheidet. Wie ersichtlich, ist die Ähnlichkeit mit den mündlich überlieferten Prophezeiungen sehr groß.

Eine weitere Handschrift mit Prophezeiungen stammt aus dem Jahre 1840. Es handelt sich um die sogenannte „Tittlinger Handschrift" des Lehrers Franz Xaver Westermayer aus Landshut, der sie vor gut 75 Jahren erstand. Sie befindet sich heute in Händen seines Sohnes. Es handelt sich um die Aufzeichnung einer „Prophezeiung. Von dem Andreas Starrenberger, Viehhirt und Aschenbrenner zu Rabenstein bey Zwiesel" in 22 Punkten. Diese sind den mündlichen Mühlhiasl-Überlieferungen wiederum sehr ähnlich.

Über den Tod von Mühlhiasl und „Stormberger" weiß der Volksmund gleiches zu berichten. Bei beiden fällt während der Leichenfahrt der Sarg vom Wagen, wie sie es vorher prophezeit haben.

Die Waldler kennen auch keinen Andreas als Vornamen des „Stormberger", sondern nur einen Matthias oder Hiasl, wie Haller auf Befragen 1976 herausbrachte.

So erhebt sich nun die Frage, wie der Mühlhiasl zu dem Namen „Stormberger" im Altlandkreis Regen gekommen ist?

Dazu gibt es zwei Möglichkeiten der Erklärung, die sich, das sei gleich vorweg gesagt, gegenseitig auch nicht ausschließen müssen.

Die erste Erklärung geht auf den Straubinger Journalisten und Schriftsteller Rupert Sigl zurück. Sigl geht von der Mundart der damaligen Zeit aus. Die Mühle in Apoig war durch die Säkularisation zur Herrschaft Steinburg gekommen. Dieses Steinburg hieß noch im

18. Jahrhundert nachweislich „Steinberg". Matthäus Merian bezeichnet 1657 seinen Stich mit „Steinberg", und auch der 1718 verstorbene Kupferstecher Michael Wenig schrieb auf die Ansichten des Steinburger Schlosses „Steinberg". Zur Zeit des Mühlhiasl war es üblich, daß man sich in der Fremde nach der Herrschaft nannte, der man untertan war. Also nannte sich der Mühlhiasl beim Umherziehen und Mühlenrichten eben „Steinberger", im Dialekt „Stoaberger". 1879 erschienen in Regen die „Historischen Notizen aus dem Bezirke Regen", die Johann Nepomuk Zöllner verfaßt hatte. Darin wird dem Hirten und Aschenbrenner „Starnberger oder Steinberger" aus Rabenstein die Gabe der Prophetie zugesprochen. Dies bestätigt Rupert Sigls Erklärung.

Die zweite Erklärung stammt von Pater Norbert Backmund. Als der Mühlhiasl noch Klostermüller war, war Pater Blasius Pfeiffer (1774-1828) Kastner (von 1792-1796) und damit der Vorgesetzte des Mühlhiasl. Dabei dürfte er die Prophezeiungen kennengelernt haben. Nach der Säkularisation blieb Pfeiffer bis 1804 im Kloster, ging dann aber in seine Heimat Böhmen zurück. 1812 kam er nach Kollnburg, 1816 nach Achslach und wurde 1819 Kommorant in Bodenmais. Von 1826 bis zu seinem Tode am 17. März 1828 war er Schloßkaplan in Rabenstein.

Durch Pater Pfeiffer wird wohl die Kunde vom Mühlhiasl in den Raum Bodenmais-Rabenstein-Zwiesel gelangt sein. Die erste Handschrift ist um 1820 schriftmäßig eingeordnet, so daß die Erklärung schlüssig ist.

Beide Erklärungen und vorweg genannten Gemeinsamkeiten lassen nur einen Schluß zu: Der Mühlhiasl war der „Stormberger".

Was ist vom Mühlhiasl geblieben?

Nachdem die Prophezeiungen zuerst nur im Volksmund weiterlebten, setzte erst anfangs der 20er Jahre das schriftlich faßbare Nachleben des Mühlhiasl ein. Es begann, als sich mehrere seiner Prophezeiungen -"Großer Krieg, Papierflanken" - zu bewahrheiten schienen und die Menschen glaubten, das „Bänkabräumen" rücke näher. Während der 20er Jahre erschienen mehrere Zeitungsartikel, in denen vom Mühlhiasl die Rede war. Ich habe einige davon zitiert. Im Jahre 1925 erschienen in Zwiesel die „Prophezeiungen des Stormberger, der Nachwelt erhalten von Paul Friedl." Sie waren durch die Buchhandlung Ludwig Pongratz zu beziehen. Ludwig Pongratz war Buch- und Schreibwarenhändler in Zwiesel. Er besuchte regelmäßig die Jahrmärkte im Mittleren Bayerischen Wald wie etwa die Hirmonskirchweih in St. Hermann bei Bischofsmais oder den Gnadmarkt in Deggendorf. Auf diese Weise kam er weit herum und die Prophezeiungen erreichten eine große Verbreitung, 1930 erschien eine zweite Auflage. Ludwig Pongratz starb bereits 1931. Seine Tochter heiratete den Vater des jetzigen Deggendorfer Buchhändlers Hermann Högn, den Seniorchef der größten Deggendorfer Buchhandlung. Dieser weiß zu berichten, daß sein Vater diese Prophezeiungen in großer Zahl verkauft habe. Während des Dritten Reiches kam eines Tages ein Polizist in seinen Laden und verlangte die „Stormberger-Prophezeiung". Als ihm die Verkäuferin diese zeigte, wollte er noch mehr davon, die Verkäuferin brachte sie ihm. Schließlich sagte er, er sei geschickt worden, alle Prophezeiungen zu beschlagnahmen. Sagte es, packte die Heftchen mit den Prophezeiungen zusammen und verließ den Laden. Die Nationalsozialisten standen aufgrund eigener Kriegspläne den Prophezeiungen von „Großem Krieg" und „Bänkabräumen" sehr kritisch gegenüber, sie hatten offenbar auch Angst davor. 1936 wurden alle Broschüren über den „Stormberger" beschlagnahmt, schreibt Friedl. Am 16. Oktober jenes Jahres wurde er zu einer Vernehmung über die „Stormberger-Prophezeiung" von der Zwiesler Gendarmerie nach München vorgeführt. Er durfte selbst nach München fahren und stellte sich dem dortigen Polizeipräsidium. Nach dreitägiger Vernehmung sollte er dort eine Erklärung unterschreiben, daß die „Stormberger-Prophezeiung" ein Produkt seiner Phantasie sei. Er sollte sich auch dazu bereit erklären, dies in Zeitungsartikeln so darzustellen. Friedl ließ sich nicht dazu breitschlagen. Er wurde ohne Auflagen wieder entlassen.

Pater Norbert Backmund stellte erstmals während des Dritten Reiches planmäßig Archivforschungen zum Thema Mühlhiasl an. Dies galt jedoch, wie er schreibt, als „Volksbeunruhigung" und man hatte darüber zu schweigen.

Nach dem Zweiten Weltkrieg kam der Mühlhiasl infolge der überstandenen Katastrophe und des allgemeinen Optimismus der 50er Jahre vorübergehend aus der Mode. Nur Conrad Adlmaiers kleines Büchlein „Blick in die Zukunft" erlebte 1961 die dritte Auflage. Die Diskussion um den Mühlhiasl, vor allem um sein Leben, wurde dann 1961 durch das Buch von Pater Norbert Backmund „Hellseher schauen in die Zukunft" neu belebt. Doch blieb der Optimismus im Wirtschaftswunder der 60er Jahre erhalten. Erst der Schock der Ölkrise 1974 brachte die Menschen wieder zum Nachdenken. Der Mühlhiasl kam wieder so recht in Mode. 1974 erschien das

Buch von Paul Friedl „Prophezeiungen aus dem bayerisch-böhmischen Raum", in dem der Mühlhiasl ausführlich zu Wort kommt. 1976 war dann ein wichtiges Jahr im Nachleben des Mühlhiasl. Einmal erschien das Buch von Wolfgang Johannes Bekh „Bayerische Hellseher" mit dem Untertitel „Vom Mühlhiasl zum Irlmaier". Im selben Jahr legte Reinhard Haller seine wissenschaftlichen Forschungen vor unter dem Titel: „Der Starnberger, Stormberger, Sturmberger. Propheten und Prophezeiungen im Bayerischen Wald".

1976 schließlich drehte der Regisseur Werner Herzog im Bayerischen Wald den Spielfilm „Herz aus Glas". Herbert Achternbusch hatte das Drehbuch verfaßt und darin das Leben des Findelkindes und späteren Weissagers „Stormberger, genannt Mühlhiasl von Rabenstein" als Grundlage genommen.

Die 80er und frühen 90er Jahre knüpften an diese „Wiedergeburt" des Mühlhiasl an. Mühlhiasl-Wirtshäuser wurden eröffnet, große Gemälde geschaffen, der Mühlhiasl als Bühnenfigur und für den Fremdenverkehr entdeckt, Bestseller über den Mühlhiasl geschrieben. Doch der Reihe nach.

1980 eröffnete Georg Höltl in seinem Museumsdorf Bayerischer Wald am Dreiburgensee bei Tittling das Gasthaus „Mühlhiasl". Im Januar desselben Jahres begann der Deggendorfer Glasmaler Rudolf Schmid damit, in Rauhbühl bei Viechtach eine überdimensionale Glaswand auf sehr eigenwillige Art mit Szenen aus Leben, Tod und Weissagungen des Mühlhiasl zu gestalten. Diese Glasgemälde illustrieren den Roman des Baumsteftenlenz „Mühlhiasl, der Waldprophet" und haben mit der historisch faßbaren Wirklichkeit nichts zu tun. Schmid wollte die Möglichkeit von Glasmalerei im großen Maßstab an einem auch für die Öffentlichkeit interessanten Stoff gestalten.

Anfang der 80er Jahre wurde der Mühlhiasl dann auch direkt für den Fremdenverkehr entdeckt. Am Eingang zum Märchenwald am Arbersee wurde eine lebensgroße Figur von ihm aufgestellt. Sobald man eine Fünfzigpfennigmünze eingeworfen hat, erzählt einem eine heisere Stimme Prophezeiungen eines „Stormberger oder Mühlhiasl, auch Waldhiasl genannt", „aus Rabenstein". Diese Prophezeiungen soll er „vor 200 Jahren hier am Arber gemacht haben".

1987 brachte dann mein Vater Walther Zeitler das erste Sachbuch über den Mühlhiasl heraus. Bedingt durch den Umbruch in Osteuropa und den Golfkrieg erwies sich dieses Buch als Bestseller. Innerhalb von fünf Jahren wurden 58000 Exemplare verkauft.

Ende der 80er und Anfang der 90er Jahre wurden dann auch Bühnenautoren zu ihrem Schaffen angeregt. Leider schoß die Phantasie dieser Autoren teilweise oft allzusehr ins Kraut. Dies gilt vor allem für das 1991/1992 in Zwiesel aufgeführte Theaterstück von Brigitte Prock über den „Stormberger". Sein Sterbelager spielt sich in einer Walpurgisnacht ab, in der Dämonen, Hexen und andere schaurige Gestalten böse Flüche und schlimme Prophezeiungen ausstoßen. Der Mühlhiasl hätte über derlei Unsinn bloß gelächelt und andererseits auf das „Bänkeabräumen" hingewiesen. Davon ist aber in dem Stück keine Rede. Dies gilt leider auch für das ansonsten zurückhaltend agierende Stück von Alois Winter über den Mühlhiasl. Es wurde 1989 vor insgesamt 2000 Zuschauern im Schulhof von Hunderdorf mit Erfolg aufgeführt.

Im Sommer 1992 wurde auch ein „Rimbacher Mühlhiaslspiel" im Burghof der Burgruine Lichtenegg gezeigt. 50 Schauspieler stellten das Leben des Matthias (richtig Matthäus) Lang dar. Eine „Mühlhiasl-Bühne", ein gleichnamiges Volksbühnenensemble, gab es schließlich 1991 im Museumsdorf Tittling, bevor es 1992 nach Ringelai bei Freyung umzog.

Was also ist vom Mühlhiasl bis heute geblieben? Viel, wenn man die Stückzahlen der verkauften Bücher betrachtet, die über ihn geschrieben wurden und in die Hunderttausende gehen. Wenig, wenn man oft das Verständnis sieht, das dem Mühlhiasl entgegengebracht wurde.

Das Mühlhiasl-Kreuz

Zu dem, was vom Mühlhiasl geblieben ist, zählt auch das sogenannte Mühlhiasl-Kreuz. Es ist 23,5 cm breit und 36 cm hoch, ein Kreuz, wie es früher in jedem Haus im Herrgottswinkel hing. Welche Bewandtnis es damit hat, erzählte Pfarrer Gerhard Lecker (1905-1991) meinem Vater Walther Zeitler.

Pfarrer Lecker war in den Jahren 1935 und 1936 Pfarrprovisor in Hunderdorf. Der dortige Pfarrer war mitten während des Kirchenneubaus plötzlich verstorben. Pfarrer Lecker mußte als Pfarrprovisor aushelfen und den Kirchenneubau fertigstellen.

Im Jahre 1935 wurde er zu einer Sterbenden in die Obere Klostermühle, die Apoigmühle, gerufen. Sie war einige Zeit an den Mühlhiasl verstiftet gewesen. Pfarrer Lecker sagte: „Die Leute haben die Mühle „Stoaberger Mühle" genannt, da sie früher zur Herrschaft Steinburg gehört hat und von den Leuten zu meiner Zeit noch so genannt wurde." Nebenbei bemerkt, ein wichtiger Hinweis auf die Identität von Mühlhiasl und „Stoaberger, Stormberger".

Nachdem er die Sterbesakramente gespendet hatte, bemerkte er an der Wand neben dem Kamin ein beschädigtes, total verrußtes Kruzifix. Dem hölzernen Christus hingen die Arme herab, die am Querbalken angenagelt waren. An den angenagelten Füßen fehlten einige Teile, der Kreuzbalken war ganz schief.

Als Pfarrer Lecker das Kreuz so anschaute, meinte die Tochter der Sterbenden, die damals schon über dreißig war: „Herr Pfarrer, wolln's des Kreiz?" Als er bejahte, nahm sie es von der Wand und wickelte es in Zeitungspapier ein. Dabei erzählte sie, daß dies das Mühlhiasl-Kreuz sei. Einmal hätte der Mühlhiasl hier in der Apoigmühle mit seinem Bruder Streit bekommen. Dabei habe sein Bruder das Messer gezogen und sei auf ihn losgegangen. Der Mühlhiasl sei zur Seite gesprungen, habe das Kruzifix von der Wand gerissen und es seinem Bruder über den Kopf geschlagen. In Notwehr, würden wir heute sagen. Die Verletzungen des Bruders sollen sehr schwer gewesen sein, denn der Mühlhiasl habe in seinem Schrecken die Apoigmühle verlassen und hätte sich im Wald versteckt. Er sei nie mehr in die Mühle zurückgekehrt.

Pfarrer Lecker säuberte das Kruzifix und entfernte die dicke Rußschicht, die von dem direkt unter dem Kreuz befindlichen Kamin stammte. Er ließ ein neues Balkenkreuz anfertigen und bemalte die unbehandelte Holzfigur des Heilands. Später schenkte er das Mühlhiasl-Kreuz seiner Nichte, die es heute noch besitzt. Sie ist in Deggendorf verheiratet.

Ausblick

Drei Gedanken sind es, die dem Verfasser zum Abschluß noch wichtig sind.

Propheten gab es auch schon im Alten Testament. Sie wurden von Gott zum Volk Gottes gesandt, um sie zu warnen und im Glauben zu ermahnen. Immer waren die Propheten einfacher Herkunft. Eine mit den Prophezeiungen des Mühlhiasl vergleichbare Schrift ist das Buch Amos des gleichnamigen Propheten. Amos war Viehzüchter und Maulbeerfeigenpflanzer. Als Prophet unter König Jerobeam II. (787-747 v. Chr.) verkündete er Gottes Gericht wegen sozialer Ungerechtigkeit und falscher Frömmigkeit, Motive, die auch beim Mühlhiasl eine Rolle spielen. Amos kündigte wie der Mühlhiasl einen Tag der Finsternis an. An diesem Tag, dem Tag des Herrn, werde nur ein Rest von Menschen das Gericht überleben. „Alle Sünder meines Volkes sollen durch das Schwert umkommen, alle, die sagen: Das Unheil erreicht uns nicht, es holt uns nicht ein." (Amos 9, 10)

Wie der Mühlhiasl prophezeit auch Amos nach dem Gericht das Anbrechen einer schönen Zeit: „An jenem Tag richte ich die zerfallene Hütte Davids wieder auf und bessere ihre Risse wieder aus. Ich richte ihre Trümmer auf und stelle alles wieder her wie in den Tagen der Vorzeit." (Amos 9, 11)

Zweifellos hat die Vision des Mühlhiasl prophetische Qualität. Ein Grund mehr, sie zu beachten.

„Wenn alle Bauern politasieren (politisieren), nachher ist die Zeit da." Bereits heute ist abzusehen, daß diese Prophezeiung in Erfüllung gehen wird. Die EU-Agrarpolitik zwingt die Bauern dazu, sich unentwegt mit Politik zu beschäftigen. Jüngste Aktionen des Bauernverbandes belegen dies deutlich.

Und schließlich ein Letztes:

Der prophetische Feldpostbriefschreiber Andreas Rill, der seine äußerst bemerkenswerten Prophezeiungen von einem französischen Kriegsgefangenen 1914 erhielt, datiert die Ankunft des Antichrist verschlüsselt: Wenn der Markustag auf Ostern fällt. Dies war zuletzt am 25. April 1943 der Fall, das nächste Mal wird es am 25. April 2038 sein. Es scheint, daß jenes Jahr 2038 ein Schicksalsjahr für die Menschheit sein wird, wie es noch keines in der Weltgeschichte und in der Geschichte der Menschheit gegeben hat.

Mühlhiasl-
und „Stormberger"-Forscher

Wegen der geistigen Verwandtschaft der Mühlhiasl-Prophezeiungen zur Geheimen Offenbarung haben sich viele Geistliche als Mühlhiasl-Forscher hervorgetan. Die anderen Forscher auf diesem Gebiet sind Volkskundler, Journalisten und Schriftsteller.

Außer Friedl und Haller sind alle der Auffassung, nur der Mühlhiasl habe gelebt. Der Nachweis eines „Stormberger" konnte weder Friedl noch Haller glücken, da die übergroße Ähnlichkeit seiner Prophezeiungen mit denen des Mühlhiasl feststeht. Biographische Daten konnte niemand erbringen. Nachstehend sind alle Männer aufgezeichnet, die sich auf dem Gebiet der Mühlhiasl-Forschung Verdienste erworben haben.

Adlmaier Conrad, Dr. (1882-1966): War Verlagsfachmann und Redakteur. Als Schriftsteller verfaßte er neben einigen volkskundlichen Büchern auch ein kleines Büchlein mit dem Titel „Blick in die Zukunft" über bayerische Hellseher. Es erschien 1961 in dritter Auflage und darf nach dem Willen des Autors nicht mehr verändert werden. Adlmaier hat zusammen mit dem oberbayerischen Seher Alois Irlmaier (1894-1959) Pater Norbert Backmund im Kloster Windberg besucht. Dabei haben sie ausführlich über den Mühlhiasl diskutiert. Adlmaier machte den Mühlhiasl in Oberbayern bekannt.

Backmund Norbert OP., Dr. (1907-1987): Prämonstratenserpater im Kloster Windberg. Lieferte wertvolle

Beiträge zur Erforschung des Lebens vom Mühlhiasl. Sein erfolgreiches Buch „Hellseher schauen in die Zukunft" erschien 1961 in Windberg, später erlebte es im Morsak Verlag, Grafenau, mehrere Auflagen.

Friedl Paul, genannt „Der Baumsteftenlenz" (1902-1989): Veröffentlichte 1925/30 ein dokumentarisch wertvolles Faltblatt mit den Prophezeiungen des „Stormberger". Schrieb einen Roman „Mühlhiasl, der Waldprophet", der zwar das meistverkaufte Buch über den Mühlhiasl ist, jedoch keinerlei dokumentarischen Wert besitzt.

Haller Reinhard, Prof. Dr. (geb. 1937): Professor an der Universität Passau. Einziger Vertreter der „Stormberger"-Forschung. Wissenschaftliche Sammlung von z. T. wichtigen Prophezeiungen im Volksmund.

Hirtreiter Franz Xaver (geb. 1950): Ehemals leitender Redakteur beim Straubinger Tagblatt und Programmchef des Regionalradios „Radio Aktuelle Welle Niederbayern" Straubing und Radio AWN Landshut. Ehemals Verlagsleiter der Neuen Presse Verlags-GmbH, Passau. Lieferte 1984 im „Straubinger Tagblatt" einige wertvolle Beiträge zur Lebensgeschichte des Mühlhiasl.

Hofmann Georg (1894-1966): Expositus in Schönau bei Viechtach. Bayerwaldforscher, hat sich auch intensiv mit dem Mühlhiasl beschäftigt, resignierte jedoch schließlich wegen der für ihn unbefriedigenden Quellenlage.

Landstorfer Johann Evangelist (1883-1949): 1908 geweiht, war als Geistlicher in Oberronning, Laberweinting, Pinkofen und zuletzt in Oberaltaich tätig. Bedeutendster Mühlhiasl-Forscher, veröffentlichte als erster am 28. Februar 1923 die Mühlhiasl-Prophezeiungen im „Straubinger Tagblatt", 1923/28 in fast unveränderter Form im „Altöttinger Liebfrauenboten" nachgedruckt.

Sigl Rupert, Dr. (1915 - 2007): Ehemals Leitender Redakteur beim „Straubinger Tagblatt". Mühlhiasl-Forscher aus Passion, versucht Weissagungen auch zu deuten.

Zeitler Walther (1923 - 2006): Bundesbahnbeamter im Pressedienst a. D. Schriftsteller und Journalist. Verfaßte das erste Sachbuch ausschließlich über den Mühlhiasl. Es erreichte in fünf Jahren sieben Auflagen mit 44.000 Exemplaren.

Literatur

Adlmaier Conrad, Blick in die Zukunft, 3. erw. Aufl., Traunstein 1961

Backmund Norbert OP., Hellseher schauen in die Zukunft, 1. Aufl., Windberg 1961, weitere Aufl. Grafenau

Ders., Kloster Windberg. Die letzten Jahre des Klosters Windberg vor der Säkularisation, Deggendorf 1964

Ders., Prophetie am Beispiel der Bayerischen Waldpropheten. In: Straubinger Kalender 1983

Bekh Wolfgang Johannes, Bayerische Hellseher. Vom Mühlhiasl bis zum Irlmaier, Pfaffenhofen 1976

Friedl Paul, Die Stormberger Prophezeiung, Zwiesel 1930

Ders., Mühlhiasl, der Waldprophet, verschiedene Verlage, zuletzt Tittling/Passau 1983

Ders., Prophezeiungen aus dem bayerisch-böhmischen Raum, Rosenheim 1974

Haller Reinhard, Der Starnberger, Stormberger, Sturmberger. Propheten und Prophezeiungen im Bayerischen Wald, Grafenau 1976

Ders., Prophezeiungen aus Bayern und Böhmen, Grafenau 1982

Hazzi Josef v., Statistische Aufschlüsse über das Herzogtum Baiern aus ächten Quellen geschöpft, 4 Bde., Nürnberg 1801/08

Hirtreiter Franz Xaver, Mühlhiasl, der Waldprophet. In: Straubinger Tagblatt, 6 Folgen, beginnend am 9.3.1984

Hofmann Georg, Der Mühlhiasl. In: Der Bayerwald 1957

Landstorfer Johann, Ein Zukunftsseher aus Großväterzeiten: Matthias Lang, gen. „der Mühlhias" aus Apoig. In: Straubinger Tagblatt v. 28.2.1923

Ders., Der Mühlhiasl von Apoig, der Zukunftsseher des bayerischen Waldes. In: Altöttinger Liebfrauenbote 1928

O. Verf., Ein Zukunftsseher aus Großväterzeiten. Matthias Lang, gen. „der Mühlhias" aus Apoig. In: Leserzuschriften im Straubinger Tagblatt vom 9.3.1923

Retzer Wugg, Der Mühlhiasl. In: Beilage zur Landshuter Zeitung Nr. 25 vom 22. 6. 1929

Sigl Rupert, Die Weissagungen des Mühlhiasl. In: Der Bayerwald I/1969

Ders., Die Mühlhiasl Weissagung schon überfällig. In: Straubinger Tagblatt, 6 Folgen, beginnend am 26.8.1969

Ders., Der Mühlhiasl vor und nach Tschernobyl. In: Kötztinger Zeitung, 5 Folgen, beginnend am 23.5.1987

Ders., Das Mühlhiasl-Kreuz und das Kreuz mit dem Mühlhiasl. In: Straubinger Kalender 1989

Ders., Der Mühlhiasl vor und nach Tschernobyl. In: Straubinger Kalender 1990

Westermayer Heribert, Die 100 Jahre alte Prophezeiung eines Hundertjährigen. In: Der Bayerwald in Vergangenheit und Gegenwart 1932

Zeitler Walther, Der Mühlhiasl und seine Prophezeiungen, Amberg 1987-1991, 7 Auflagen

Für die Bibelstellen wurde verwendet:

Die Bibel. Altes und Neues Testament. Einheitsübersetzung, Freiburg-Basel-Wien 1980

Schmid Josef, Synopse der drei ersten Evangelien. Mit Beifügung der Johannes-Parallelen, 10. Auflage, Regensburg 1992

Akten des Bischöflichen Zentralarchivs Regensburg PA 2364

Dank

Für Unterstützung in jeglicher Form danke ich meinem Vater Walther Zeitler, der mir sein ganzes Mühlhiasl-Archiv überließ. Ich danke Herrn Thomas Tezzele für die ausgezeichneten Illustrationen, dem SüdOst Verlag, Herrn Dr. Gerhard Braunsperger, für die gute und reibungslose Zusammenarbeit und dem „Straubinger Tagblatt" dafür, daß der Verlag mir Einsicht in sein Archiv gewährte.

Der Autor:

Andreas Zeitler, M. A. (geb. 1961), beschäftigt sich seit vielen Jahren mit dem Mühlhiasl. Studium von Geschichte, Geographie, Germanistik und Philosophie an den Universitäten Regensburg und München. Veröffentlichte 1989 unter dem Titel „Fürstenmacht und Ritterfreiheit" eine umfassende Geschichte der Ritterbünde der Böckler und Löwler in Ostbayern.